Hannelore Hau
Die Erinnerung trägt mich weiter

Hannelore Hau

Die Erinnerung trägt mich weiter

Geschichten zum Schmunzeln
und Nachdenken

2. Auflage 1998

edition fischer
im
R. G. Fischer Verlag

Die Deutsche Bibliothek - CIP-Einheitsaufnahme

Hau, Hannelore:
Die Erinnerung trägt mich weiter : Geschichten zum
Schmunzeln und Nachdenken / Hannelore Hau. - 2. Aufl. -
Frankfurt/Main : R. G. Fischer, 1998
  (Edition Fischer)
  ISBN 3-89501-235-1

2. Auflage 1998
© 1995 by R. G. Fischer Verlag
Orber Straße 30, D-60386 Frankfurt
Alle Rechte vorbehalten
Schriftart: Palatino
Herstellung: NL/L
Umschlagzeichnung und Illustrationen im Innenteil:
Vanessa Eichhorn, Eva-Maria Schmitt
Printed in Germany
ISBN 3-89501-235-1

Allen meinen Freunden, die mich zu dieser Fortsetzung animiert haben. Mögen sie sich gern wiedererkennen.

Inhaltsverzeichnis

Das Handtuch 9
Das Stopfei 12
Köstliche Süßigkeiten 18
Wasser hat keine Balken 22
Der Landheimaufenthalt 25
Der verliebte Hahn 30
Der gute Freund und das
Marmeladenbrot 34
Ausschlafen könnte schön sein . 38
Das geteilte
Weihnachtsgeschenk 42
Wo ist mein Geld? 46
Ein seltenes Geschenk 49
Ah, ein Hubschrauber 52
Abgekämpft 55
Der erste Haarschnitt 58
Ich habe nichts getan 61
Finderlohn 63
Auf die Verpackung kommt
es an 69
Die Lieblingshose 72
Volker oder der kleine Hunger . 75
Auch so etwas gibt es 77

Eskortiert	81
Geteiltes Leid	84
Die musikalische Ziege	88
Kinderpässe	92
Turnsalat	96
Alles in die falsche Richtung	98
Die unbekannte Mutter	100
Zehn vor fünf	103
Nicht schon wieder	106
Die Nadel im Heuhaufen	110
Benny der Vogel	114
Der Wunderteppich	117
Nur mit dir	120
Die Schokounterlagen	123
Der Hammer	126
Leinen los	130
Kaum zu glauben	134

Das Handtuch

Vieles ist aufgetaucht aus dem Dunkel der Erinnerungen, und einige der nachfolgenden Episoden waren wirklich tief verschüttet und nur durch ein zufälliges Stichwort plötzlich wieder gegenwärtig. Eine Geschichte scheint aber unwiederbringlich verloren: Das Handtuch.
DAS HANDTUCH.....!?
Nichts.
Sie erinnern sich? In meinem Buch »Soweit ich mich erinnern kann« heißt es:

»Eine der schönsten Erinnerungen, die für diesen Band vorgesehen waren, muß ich Euch leider vorenthalten. Während der Vorbereitungen zu diesem Bändchen habe ich mir Gedächtnisstützen gemacht, indem ich Titel notierte, unter denen ich jeweils Kurzge-

schichten schreiben wollte, wenn Zeit dazu war.
Und so schrieb ich dann auch eine um die andere, bis ich auf das »Handtuch« stieß. Handtuch???
Was zum Kuckuck hatte ich mir dabei gedacht? Ich starrte auf diesen Titel, grübelte, forschte in meinen Erinnerungen, stellte alle möglichen Kombinationen an, nichts!
Und so kommt es, daß eine der wichtigsten und schönsten Erinnerungen ungeschrieben bleibt, und selbst jetzt, da dieses Buch fertiggestellt ist, träume ich von Zeit zu Zeit von einem Handtuch, mit dem eine Erinnerung verbunden ist, an die ich mich nicht erinnern kann.«
Trotz mehrjährigem fortwährendem und intensivem Erinnerungsbemühen bleibt mir nichts, als das Handtuch zu werfen.

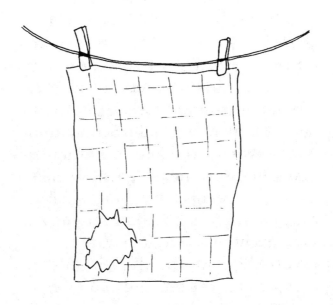

Das Stopfei

Im Jahre 1944, ich war elf Jahre alt, waren wir evakuiert im Heimatdorf meiner Mutter in Mainfranken. Wir bewohnten dort ein Zimmer in einem Bauernhof. Unsere Wohnung in Frankfurt lag nach einem Bombenangriff in Schutt und Asche. Vater arbeitete in Frankfurt und konnte uns nur selten besuchen. Es war Adventszeit, als ich meine Mutter fragte, ob ich mir etwas zu Weihnachten wünschen dürfte.
»Wünschen darfst du dir alles«, antwortete Mutter, »aber ob deine Wünsche erfüllt werden können, ist fraglich. Was soll es denn sein?«
»Zuerst wünsche ich mir, daß Papa am Heiligen Abend bei uns sein kann, und dann ein Stopfei.«
Mutter lächelte und sagte: »Papa wird sicher alles versuchen, um zu uns zu kommen, ich wünsche es mir auch. Das Stopfei kann ich dir

nicht versprechen. Wir werden sehen.«
Ein Stopfei war damals mein großer Wunsch, und das hatte folgenden Grund. Meine Mutter hatte mir beigebracht, Strümpfe zu stopfen. Damals in den Kriegsjahren, als es wenig an Textilien zu kaufen gab, war das sehr nötig.
Ich war in Handarbeit in der Schule nicht besonders gut, aber das Strümpfestopfen beherrschte ich. Nur brauchte ich etwas, das ich in den löcherigen Strumpf tat, um ihn darüber zu spannen, zum Beispiel eine alte kleine Dose. Aber ich wußte, daß ich es mit einem Stopfei noch besser können würde.
Im Dorf gab es eine Drechslerei. Die Tür zur Werkstatt stand meist offen, und wir Kinder liefen oft dorthin und schauten dem Meister bei der Arbeit zu. Und dort sah ich auch zum ersten Mal das Holzei meiner Träume. Aus hellem Holz gedrechselt, glatt und glänzend lag

es zusammen mit anderen Stopfeiern in einer Schale. Sooft ich an der Werkstatt vorbei kam, schaute ich nach, ob es noch da war, und der Meister Lämmermann mußte schon lachen, wenn ich sehnsüchtig nach dem bewußten Ei schaute, denn mittlerweile kannte er meinen Wunsch.

Kurz vor Weihnachten wurde es bitterkalt. Die Seitenarme des Mains waren zugefroren, und wir Kinder schlitterten auf dem Eis herum. Abends in unserem Zimmer, wo es gemütlich warm war, fragte ich immer wieder: »Wird Papa kommen? Bekomme ich das Stopfei?«
Mutter muß eine Engelsgeduld gehabt haben. Unermüdlich beantwortete sie meine Fragen, so gut sie konnte.
Der Heilige Abend kam, und am Nachmittag durfte ich mit meinen Schulkameraden zum Schlittern auf

den Main. Als es dämmerte, liefen wir heim, ganz aufgeregt und neugierig, was der Abend bringen würde.

Mutter hatte Kaffeesatz gekocht und Plätzchen auf den Tisch gestellt, und eine Stearinkerze brannte. Ein paar Tannenzweige standen in einer Vase. Es war warm im Zimmer und duftete nach Weihnachten. Vater war nicht da, aber ich glaubte fest an sein Kommen und wollte keine Bescherung ohne ihn. Immer wieder lief ich zum Fenster und schaute in den dunklen Abend, und bei jedem Geräusch schöpfte ich Hoffnung. Mutter wollte ein Weihnachtslied mit mir singen, aber ich lehnte alles ab.

Traurig saß ich am Tisch, auf dem die Bilder lagen, die ich für meine Eltern zu Weihnachten gemalt hatte, und dann schlief ich müde vom Spielen in der Kälte und dem Warten auf meinen Vater ein. Ich spürte noch, wie Mutter mich auszog und zum Bett führte, dann schlief ich auch schon tief und fest.

Als ich wach wurde, hörte ich Stimmen. Ich schlug die Augen auf, und da stand mein Vater und sagte: »Fröhliche Weihnachten, du Langschläferin. Schau mal, was das Christkind dir gebracht hat.«

Ich dachte zuerst, ich träume, aber als Vater dann »Aufwachen« rief, sprang ich aus dem Bett und fiel ihm um den Hals. Mutter sagte glücklich lächelnd: »Jetzt schau doch mal auf den Tisch.«

Und da lag es, »mein Stopfei«, hellbraun, glatt und glänzend. Ich nahm es vorsichtig in die Hand. Es fühlte sich wunderbar an, und es war das schönste Weihnachtsgeschenk für mich, natürlich außer Vaters Besuch.

Ich habe außerdem noch ein Märchenbuch bekommen. Beides habe ich heute noch.

Das Stopfei liegt vor mir, etwas zerkratzt und zerstochen, aber immer noch schön. Ich könnte damit noch immer sehr gut Strümpfe stopfen, aber in der jetzigen Zeit tut man das ja kaum noch.

Köstliche Süßigkeiten

Diese Erinnerung fällt auch in die Kriegszeit und hängt mit einem Besuch meines Vaters zusammen.
Vater brachte eines Tages eine Schachtel Halstabletten mit und sagte meiner Mutter und mir: »Ich hatte großes Glück, diese guten Tabletten zu bekommen. Ich habe sie mitgebracht, falls ihr einmal Halsweh bekommt. Sie sind süß und schmecken so ähnlich wie Pfefferminz.«
»Süß und Pfefferminz«, das hatte ich genau verstanden. Schokolade und Bonbons waren damals für uns Kinder Kostbarkeiten, die es kaum gab. Ich betrachtete die Schachtel von vorne und hinten, las die Beschriftung und bedauerte sehr, kein Halsweh zu haben.
Mutter legte die Schachtel oben in den Kleiderschrank, denn in dem

einzigen Zimmer, das wir bewohnten, hatten wir ja nicht viel Platz.
In den folgenden Tagen kreisten meine Gedanken sehr oft um diese Schachtel, besonders um den Inhalt, und der Wunsch nach einer Tablettenprobe wurde immer stärker. Man könnte doch mal eine Tablette probieren, auch ohne Halsweh. Dann wüßte man doch wenigstens, wie sie schmeckten, wenn man Halsweh bekäme. Und es würde sicher nicht auffallen, wenn eine fehlte, denn die Schachtel war ja voll davon. Vielleicht bekäme man auch nie Halsweh, und die guten Tabletten würden verderben. Und das wäre schade, wo man in dieser schlechten Zeit doch nichts wegwerfen durfte.
Und dann hielt ich es nicht mehr aus. Ich holte mir einen Stuhl, stieg darauf und nahm die Schachtel aus dem Schrank.
Mit spitzen Fingern klaubte ich eine Tablette heraus und schob sie

in den Mund. Köstlich, einfach köstlich, dieser Geschmack. Ganz süß, wie ein Pfefferminzbonbon. Viel zu schnell war sie im Mund zergangen. Eine könnte ich wohl noch nehmen? Schwups, war die nächste Tablette verspeist, und so ging es weiter. Schon lange hatte ich nichts vergleichbar Gutes gegessen, ich konnte einfach nicht aufhören.

Ich habe damals die ganze Schachtel leer gemacht, und erst, als keine Tablette mehr da war, kam das große Entsetzen. Was würde Mutter wohl sagen? Dann wurde mir schlecht, ich weiß nicht, ob das von den Tabletten kam oder von dem schlechten Gewissen.

Mutter war damals froh, daß ich nicht krank wurde von meiner Halstablettenorgie. Heute noch kann ich sagen, daß ich nie wieder solch köstliche »Süßigkeiten« genascht habe.

Wasser hat keine Balken

Ab und zu taucht – im wahrsten Sinne des Wortes – eine Erinnerung an den Schwimmunterricht bei mir auf. Meine Eltern waren sehr ängstlich und um mich besorgt und hatten mir das Schwimmen und Baden im Main immer wieder untersagt.
Es war nach dem Krieg, und ich konnte nicht schwimmen, als für mich der Schulunterricht im Stadtbad Mitte begann. Ich war damals vierzehn Jahre alt und wartete mit den anderen Mädchen im Kinderbecken, bis die Lehrerin uns rief, ins große Becken zu kommen. Bis das soweit war, fror ich schon vor Angst und Kälte und zitterte vor mich hin. Im großen Becken klammerte ich mich am Rand fest. Die Lehrerin hielt mir eine Stange hin und forderte mich zu Schwimmübungen auf. Nach etlichem Zureden

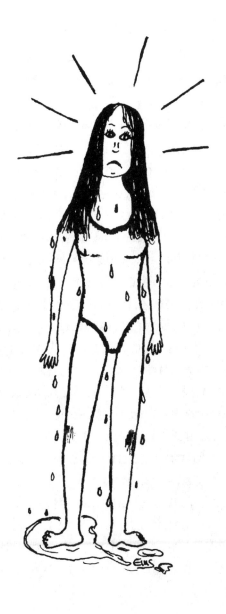

löste ich mich vom Beckenrand, schnappte nach der Stange und ließ sie nicht mehr los. Die Lehrerin wurde sehr unwirsch, aber ich durfte das Becken verlassen. Zitternd lief ich in den Duschraum und stellte mich unter das warme Wasser. Dort stand ich dann so lange wie irgend möglich. Aber bald wurde ich gerufen. Alles Taubstellen half nicht, ich mußte wieder ins tiefe Wasser. Sofort kam die Angst und das große Zittern, was zur Folge hatte, daß der nächste Versuch genauso kläglich verlief. Am Ende des Schwimmkurses konnte ich hervorragend vom Beckenrand an die Stange hechten. Meinen Schulabschluß machte ich, ohne schwimmen zu können, und die Sportnote war dementsprechend.
Zwanzig Jahre später habe ich mir in Ruhe und ohne Angst selbst Schwimmen beigebracht. Ich bin darauf sehr stolz und habe beim Schwimmen viel Freude.

Der Landheimaufenthalt

Im Oktober 1949 fuhr unser Klassenlehrer Herr Sauerwein mit seinen Schülerinnen, alle im Alter von ungefähr sechzehn Jahren, zum Landschulaufenthalt nach Wenings in den Vogelsberg. Zur Verstärkung und zum Beistand hatte er seine Frau dabei. Wir waren mit allen achtundzwanzig Mädchen in einem großen Saal des Dorfgasthauses der Familie Hein untergebracht. Rings an den Wänden standen die Betten, und in der Mitte befand sich ein riesiger Tisch, an dem wir aßen und der auch für den Unterricht herhalten mußte.

Im Gasthaus wurde für uns gekocht, spülen mußten wir. Das Wasser dazu holten wir in der Mitte des Ortes vom Dorfbrunnen. Auch zum Waschen brauchten wir dieses Wasser, und als Waschgelegenheit hatten wir ganze sieben Blechschüsseln, um die jeden Morgen ein heißer Kampf entbrannte.

Das Lehrerehepaar wohnte im Gasthaus, und so waren wir nach dem allabendlichen Lied »Guten Abend, gute Nacht« allein in unserem Salon. Dann ging die Post ab. Licht durften wir nicht machen, also zogen wir die Vorhänge an den Saalfenstern zurück und hatten Mondbeleuchtung. Unsere Erika hatte ein Koffergrammophon mitgebracht und auch die zugehörigen Schellackplatten, dann wurde gekurbelt, und aus dem Trichter erschollen die schönsten Tangos, Walzer und Foxtrotts.

Vierzehn Paare in langen Nachthemden geisterten im silbernen Mondlicht um den großen Tisch herum. Es war wundervoll. Wir haben uns in unseren »Tanzkleidern« sogar fotografiert. Das Blitzlicht hing am Besenstiel.

Jeden Abend kam Herr Sauerwein, um nachzusehen, ob wir schliefen. Sobald wir seine Schritte hörten,

stellten wir das Grammophon aus, sprangen in das erstbeste Bett, das gerade in der Nähe war, und verhielten uns mucksmäuschenstill.
Unser Lehrer öffnete die Tür,

lauschte einen Augenblick und ging dann wieder. Wenn er Licht gemacht hätte, wäre er bestimmt sprachlos gewesen: Die meisten Betten waren leer, und in einigen wenigen lagen vier bis sechs Mädchen zusammen.
Kaum war der Lehrer fort, ging unser Tanzabend weiter. Wir haben jeden Abend genossen.

Die Tage vergingen wie im Flug, es war eine wunderschöne fröhliche Zeit. Mit meinen Freundinnen Doris, Ingrid und Margot lache ich heute noch über unseren schönen und interessanten Landheimaufenthalt.
An einem Wochenende besuchten mich mein Vater und mein Bruder. Wie sie unseren tollen Aufenthalt empfanden, kann man dem Brief meines Vaters entnehmen, den ich wenige Tage später erhielt und den ich hier auszugsweise wiedergebe:

> Meine liebe Hannelore!
> …ich kann, nachdem ich die Perle des Vogelsberges persönlich in Augenschein genommen habe, kein gutes Haar an dieser Unterkunft lassen. So etwas Primitives von Unterkunft und Hygiene habe ich noch nie im Leben gesehen. Ihr könnt mir wirklich leid tun. … Halte dich unter allen Umständen so

sauber wie möglich. ... Hoffentlich ist das Essen einigermaßen gut ... Nun, die Tage gehen herum, aber alle werdet ihr nach Kuhmist riechen, wenn ihr wieder hier ankommt, und da ja nicht einmal eine ordentliche Waschgelegenheit dort vorhanden ist, wird ein Sprung in die Badewanne wohl eure erste Tätigkeit hier in Frankfurt sein. ...

Der verliebte Hahn

Meine Tante Justine besaß einen recht großen und geräumig eingezäunten Hühnerhof. Die Hühnerzucht war ihr Hobby, sie war stolz auf ihre schönen Hühner und den prächtigen Hahn.
Wir wollten meine Mutter abholen, die ein paar Tage dort zu Besuch war, und mit einem Bekannten, der auch Hühner züchtete, fuhren wir dorthin. Wir brachten etliche Hühner und einen großen jungen Hahn als Geschenk mit. Meine Tante war entzückt.
Sie holte den Hahn aus der Kiste und nahm ihn auf den Arm. Der Hahn schmiegte sich an sie, ließ sich streicheln und schloß dabei die Augen. Ganz offensichtlich genoß er es. »Das ist aber ein liebes Tier«, meinte meine Tante.
Das neue Federvieh kam zu den an-

deren auf den Hof, und schon begann der Tanz. Die Hühner benahmen sich ja miteinander recht friedlich, aber die Hähne! Sie gingen sofort aufeinander los. Wäre meine Tante nicht dazwischengegangen, die beiden hätten sich wohl umgebracht. Also wurden die Hähne mitsamt ihren Hühnerdamen getrennt.

Der neue Hahn entwickelte sich zum Wachhund. Er ließ keinen Menschen – mit Ausnahme meiner Tante – auf den Hof. Sobald jemand den Hühnerhof betrat, schoß er aus seiner Ecke mit gespreizten Flügeln und ging sofort mit Hacken und Flügelschlagen zum Angriff über. Betrat aber meine Tante den Hof, rannte er so schnell er konnte zu ihr, schmiegte sich an ihre Beine und stieß leise Töne aus. Wenn sie ihn auf den Arm nahm und leise auf ihn einsprach, schloß er die Augen und war völlig weg. Das Vieh sah immer ganz beglückt aus, wenn es so auf dem Arm hing und die Augen verdrehte.

Während seines ganzen Hahnenlebens änderte sich sein Verhalten nicht. Die Familie war es bald leid, immer auf der Flucht vor seinen Angriffen zu sein, und schlug vor, ihn zu schlachten und eine fette Brühe davon zu kochen, aber meine Tante war strikt dagegen.

Und so wurde der Hahn alt und älter, aber seine Liebe zu meiner Tante ließ nicht nach. Als er eines Tages an Altersschwäche starb, war meine Tante Justine sehr traurig. Offenbar war es bei beiden Liebe auf den ersten Blick gewesen.

Der gute Freund und das Marmeladenbrot

Mein Sohn Matthias war vier Jahre alt und ging sehr gern in seinen Kindergarten ganz in der Nähe. Sein Freund, der auch Matthias hieß und im Haus gegenüber wohnte, besuchte den gleichen Kindergarten. Mittags um zwölf Uhr gingen die beiden Buben gemeinsam die wenigen Schritte nach Hause, und dann spielte sich fast täglich folgende Szene ab, die mir viel Geduld und Nerven abforderte:

Matthias von gegenüber verabschiedete sich von meinem Matthias mit den Worten: »So, ab jetzt bin ich nicht mehr dein Freund.« Sprach's, und verschwand in seinem Haus. Mein Sohn war jedesmal so außer sich, daß er heulend nach Hause kam, um mir zu verkünden, daß der Matthias nicht mehr sein

Freund wäre. Dann verschwand er völlig aufgelöst in seinem Kinderzimmer. Ich lief sofort hinterher, um ihn zu trösten und ihm klarzumachen, daß sein Freund spätestens um sechzehn Uhr schellen würde, um ein Marmeladenbrot bei uns zu essen und anschließend mit ihm zu spielen. Es dauerte immer eine ganze Weile, bis mein Sohn seinen Schmerz überwunden hatte und zur Tagesordnung überging.
Meist pünktlich um vier schellte es, und der Matthias von gegenüber stand vor der Tür. Mein Matthias stand in der Tür des Kinderzimmers und starrte seinen Freund an. Der sagte zu mir: »Ich wollte nur sagen, daß ich wieder der Freund von Matthias bin, und könnte ich vielleicht ein Marmeladenbrot bekommen?«
Ich fragte ihn immer wieder, warum er denn jeden Mittag den Satz »Ich bin nicht mehr dein Freund« zu meinem Sohn sagte. Er fand, das

wäre nur so dahingesagt, wie man »Auf Wiedersehen« sagt. Der Matthias wüßte doch, daß er nachmittags immer zum Spielen käme. Und überhaupt könnte man von zwölf bis vier Uhr doch mal ohne Freund sein. Dann verzehrte er genüßlich sein Marmeladenbrot und beide Matthiase spielten danach friedlich. Es dauerte etliche Wochen, bis mein Sohn endlich über die tägliche Kündigung der Freundschaft hinwegkam.

Der Matthias von gegenüber aß noch oft Marmeladenbrot, sein Lieblingsessen, bei mir. Heute ist er ein Mann, und neulich hat er geheiratet. Ich war zur Trauung und habe ihm und seiner Frau ein großes Brot, Butter und zwei Gläser Marmelade mitgebracht.

Ausschlafen könnte schön sein

Ein Urlaub stand vor der Tür, und die Familie war voller Vorfreude. Es sollte in den Schwarzwald gehen, volle drei Wochen lang. Unsere Söhne waren drei und fünf Jahre alt, auch für sie war es ein Ereignis. Man sah es daran, wie sie ihre Spielsachen für die Reise packten. Und wie und was sie alles packten! Jeden Abend, wenn sie eingeschlafen waren, packte ich wieder aus, aber am Abend danach war alles wieder eingepackt, und ich packte wieder aus.
Dann war der Reisetag endlich da. Ich war froh, als alles gut im Auto verstaut war.
Wir waren kaum zwanzig Kilometer gefahren und kurz vor Darmstadt, als Stephan fragte: »Wann sind wir endlich da?«
Matthias mischte sofort mit: »Ich

habe Hunger und Durst. Wir sind schon so lange unterwegs.«
Meine Söhne bekamen etwas zu essen, beruhigende Worte, daß der Weg in den Urlaub immer etwas weiter sei als in den heimatlichen Garten. Später las ich ihnen etwas vor, und endlich erreichten wir mit zwei müden, quengeligen Kindern unser Urlaubsziel.
Als meine Söhne hinter der Urlaubspension den Bach entdeckten, war ihre Müdigkeit wie weggeblasen. Während des ganzen Urlaubsaufenthalts war dieser Bach ihr Lieblingsspielplatz. Daß sie des öfteren Bekanntschaft mit dem Wasser machten, versteht sich von selbst.
Abends sanken wir alle erschöpft ins Bett, und ich dachte nur noch: »Morgen kannst du ausschlafen, du hast Urlaub.«
Mein Mann und ich wurden durch lautes Getöse aus dem Schlaf geschreckt. Es war schon hell draußen, aber es mußte noch sehr früh

sein. Ich sprang aus dem Bett und lief zu den Kindern. Die waren hellwach und hatten gerade die Tasche mit den Spielsachen ausgeleert. Ich schaute auf die Uhr: halb fünf morgens! Fassungslos starrte ich auf meine Söhne. »Marsch, ins Bett. Es ist noch viel zu früh zum Aufstehen.«

Leicht motzend, aber fügsam stieg die Gesellschaft wieder ins Bett. Auch ich legte mich hin, aber nur, um gleich aufs neue hochzufahren. Nun stritten die beiden lautstark miteinander, ob es nicht doch Zeit zum Aufstehen wäre. Stephan behauptete, daß alle Leute schon unterwegs seien, Matthias aber bestritt das und erklärte lautstark, nur die Kühe seien schon wach.

Was blieb uns übrig, als uns anzuziehen und uns gemeinsam aus der schlafenden Pension zu schleichen. Stephan und Matthias erklärten uns zu Indianern, die könnten sich auch so schleichend bewegen.

So saßen wir denn kurz nach fünf Uhr morgens auf einer Bank vor einer Viehweide und schauten in den Urlaub. Unsere Kinder sprangen begeistert herum. Matthias erklärte, daß er recht gehabt hätte, nur die Kühe wären unterwegs. Stephan rief: »Und wir!«
Ich hätte ja so gern ausgeschlafen, aber ein früher Sommermorgen ist auch ein Erlebnis. Und wir hatten in diesem Urlaub noch viel mehr davon.

Das geteilte Weihnachtsgeschenk

Zur Adventszeit ging es in unserer Familie immer geschäftig und geheimnisvoll zu. Auch in diesem Jahr tuschelten meine Söhne häufig miteinander, und zeitweise wurde mir untersagt, das Kinderzimmer zu betreten.

Besonders merkwürdig benahm sich mein zehn Jahre alter Sohn Matthias. Fast jeden Tag saß er im Kinderzimmer und zählte sein Geld. Kam ich dazu, so tat er, als hätte er etwas aus seiner Geldbörse genommen und versteckte dieselbe hinter sich.

Nach einigen Tagen kam er zu mir in die Küche und fragte, wie er sein Geld am schnellsten verdoppeln könnte. Ich staunte ihn sprachlos an, denn Matthias war sparsam und hatte eigentlich immer Geld. Auch wenn es auf Weihnachten zuging, war dieser Geldmangel doch sehr ungewöhnlich.

»Wozu brauchst du denn so plötzlich doppelt soviel Geld?« fragte ich ihn überrascht.

Er stotterte etwas von »Interesse für Kapital«, und »es wäre ja nur eine Frage«, und ich solle ihm doch eine Antwort geben und nicht eine Gegenfrage stellen.

Da stand ich nun vor meinen Kochtöpfen und sollte unserem Finanzgenie antworten. »Du könntest mir helfen oder gute Noten schreiben oder das Geld zur Bank bringen, damit du Zinsen bekommst.«

»Ach Mami«, seufzte er und verschwand kopfschüttelnd. Kurz darauf saß er wieder im Kinderzimmer und blickte sorgenvoll auf sein Gespartes.

Das wiederholte sich bis kurz vor Weihnachten noch einige Male. Er tat mir sehr leid, aber ich wußte nicht, wie ich ihm helfen sollte.

Dann plötzlich war alles anders.

Matthias war wieder ganz fröhlich und sagte zu mir: »Du wirst staunen, warte es nur ab, und hoffentlich ist bald Heiligabend.«
Ich war so neugierig und gespannt wie selten. Mir war auch völlig unklar, wieso die Geldnot meines Sohnes plötzlich behoben war.
Dann war es soweit, und auf dem Gabentisch lag ein kleines Kästchen von Matthias für mich. Vorsichtig packte ich es aus und fand einen hübschen goldenen Ohrring mit Rubin. Matthias strahlte mich an: »Weißt du, ich fand die Ohrringe so schön, aber für zwei hat mein Geld nicht gereicht. So bekommst du einen zu Weihnachten. Den anderen habe ich zurücklegen lassen, und wenn du Geburtstag hast, habe ich wieder genug Geld, dann bekommst du den zweiten. So kannst du dich zweimal freuen.«
Meine Freude war sehr groß, sowohl über das Geschenk als auch

über die Idee, und sie verdoppelte sich an meinem Geburtstag.
Die Ohrringe trage ich heute noch gern, alle beide.

Wo ist mein Geld?

Als meine Söhne noch klein waren, hatten sie Spardosen in Form eines Bienenkorbs. Da hinein kamen Pfennige, Fünf- und Zehnpfennigstücke, und wenn Oma und Opa kamen, auch mal ein Markstück. Waren die Spardosen voll, ging ich mit den Kindern zur Sparkasse. Die Dosen wurden dort geöffnet, und dann wurden die Münzen von uns geordnet und gezählt. Stolz übergaben meine Söhne ihre Schätze dem Kassierer, der nachzählte und den Betrag in das jeweilige Sparbuch eintrug.

Wir hatten das schon einige Male so gemacht, als ich wieder einmal mit meinen Söhnen und ihren prall gefüllten Spardosen zur Sparkasse ging. Das Ritual war das gleiche, und nachdem die beiden ihre Sparbücher zurückbekommen hatten, strebten wir dem Ausgang zu.

Plötzlich drehte sich Matthias um und lief zu dem Schalterbediensteten zurück. Der sah ihn fragend an:

»Hast du etwas vergessen?«

»Nein«, antwortete mein Sohn recht laut, »aber ich will mein Geld sehen.«

In der Schalterhalle wurde es mucksmäuschenstill. Alles schaute interessiert herüber.

»Das hast du mir doch gerade gebracht«, meinte der Angestellte verwundert.

»Nein, nicht das. Ich will mit Ihnen in den Keller und mein ganzes gespartes Geld sehen.«

Der Angestellte schaute etwas ratlos, und die anderen Kunden schmunzelten.

Ich griff ein: »Matthias, dein Geld ist doch auf dem Sparbuch gutgeschrieben.«

»Ja, das weiß ich«, erwiderte mein Sohn, »aber alle meine Münzen haben die doch sicher in den Keller gebracht. Und dieses Häuflein mit dem Zettel, auf dem Matthias steht, das will ich einmal sehen.«

Ein seltenes Geschenk

Als mein Sohn Matthias in die Schule gekommen war, machte er immer sehr korrekt seine Aufgaben. Meist war er rasch damit fertig, und wir konnten gemeinsam mit seinem Bruder etwas unternehmen.
Nach etwa drei Monaten Schulzeit änderte sich das plötzlich. Er brauchte endlos lange, bis er mit den Schularbeiten fertig wurde, und sein Bruder motzte herum, weil er mit dem Spielengehen solange warten mußte.
Ich hatte mir Matthias' Schulaufgaben angesehen und entdeckt, daß er alles dreimal gemacht hatte. Hatte er zwei Päckchen zu rechnen, so machte er sechs, waren fünf Sätze zu schreiben, so standen fünfzehn da. Ich hielt das für übertrieben und unnötig, aber Matthias blieb stur.

Nach einiger Zeit hatten wir uns an das spätere Spielengehen gewöhnt, da bestellte mich die Lehrerin in die Schule. »Warum lassen Sie Matthias alle Aufgaben dreimal machen?« wollte sie wissen. »Ich halte das nicht für gut.«
Ich erklärte ihr, daß ich keineswegs dafür verantwortlich sei und die Idee wohl von Matthias selbst gekommen sein müsse. Gemeinsam überlegten wir, was zu tun sei, und beschlossen, die Sache völlig zu ignorieren.
Wie es meine Art ist, tat ich das dann auch. Am gleichen Abend saß ich am Bett von Matthias und fragte ihn ganz lieb, warum er denn so fleißig sei.
Und da sagte mein Sohn: »Weißt du, meine Aufgaben sind Geschenke für euch, einmal für dich, einmal für Papa und einmal für Stephan.«
Ich war ganz gerührt und sprachlos. Am nächsten Tag rief ich die Lehrerin an und teilte ihr den

Grund für Matthias Eifer mit. Sie war total erstaunt, so etwas war ihr noch nicht vorgekommen.
Wir hielten uns an die Absprache, nichts mehr dazu zu sagen. Nach einigen Wochen hörte Matthias von selbst mit seiner Geschenkidee auf, die so lieb und ausgefallen war.

Ah, ein Hubschrauber

Wir waren wieder einmal mit unserem Sohn auf dem Fußballplatz. Das Vorspiel bestritten ganz kleine Buben unter sechs Jahren. Selten habe ich so viel geschmunzelt wie bei diesem Spiel. Der Fußballplatz war fast verwaist, denn alle zwanzig Feldspieler waren stets auf einer Stelle versammelt, nämlich da, wo der Ball gerade war. Jeder wollte ihn haben, und so stolperte, kugelte und purzelte alles wild durcheinander.
Die Trainer hatten ihre liebe Not, das Knäuel wenigstens ab und zu ein wenig zu entwirren. Gerade hing wieder einmal alles auf einem Haufen zusammen, als ein Geräusch zu hören war, das schnell näher kam und immer lauter wurde. Wie auf Kommando vergaßen die kleinen Buben ihr Spiel. Alles

starrte verzückt gen Himmel. »Ein Hubschrauber, ein Hubschrauber«, riefen sie und schauten.

Es dauerte eine ganze Weile, bis die fassungslosen Trainer ihre aufgeregten kleinen Fußballer wieder zum Spielen bewegen konnten. Aber dann war das interessante Ereignis auch schnell vergessen, und man knäulte sich wieder vergügt um den einen Ball.

Abgekämpft

Mein Sohn Matthias spielte im Alter von zehn Jahren in der D-Jugend. Wir waren häufig am Sonntagmorgen als Zuschauer dabei, wenn eifrig um den Sieg gekämpft wurde. Vorher traten meist die sechs- bis achtjährigen Fußballer an, und man hatte Gelegenheit, auch diesen mutigen Kämpfern um das runde Leder zuzuschauen.

An einem regnerischen Sonntagmorgen schaute ich mal wieder der F-Jugend zu. Der Platz war sehr aufgeweicht, und die kleinen Spieler sahen dementsprechend schmutzig aus. Bei einigen waren kaum noch die Trikotfarben auszumachen, als sie in der Halbzeit an mir vorbeikamen. Nur einer ging in blütenweißem Trikot.

In der zweiten Halbzeit schaute ich besonders auf den »Weißen«, und siehe da, er drückte sich, wo er nur konnte, und stand zumeist weit vom Spielgeschehen entfernt herum.

»Auf, auf, nicht nur rumgestanden«, rief ihm der Trainer zu. »Ran an den Ball.«

Viel geholfen hat dieser Zuruf nicht, aber gegen Spielende sah ich, wie der Saubermann sich in einer großen Pfütze wälzte.

Nach dem Schlußpfiff ging er dann zufrieden mit den anderen Dreckspatzen vom Platz. Nun sah er doch auch so aus, als ob er gekämpft hätte.

PS: Als ich meinem inzwischen erwachsenen Sohn Matthias diese Geschichte erzählte, schmunzelte er und meinte: »Weißt du, Mutter, das kenne ich. Ich habe mir auch schon mal eine Handvoll Schlamm heimlich mit in die Kabine genommen und mich damit vollgeschmiert, damit alle sehen konnten, wie ich mich abgerackert hatte.«

Der erste Haarschnitt

Unser Sohn Stephan hatte als Kleinkind lange blonde Haare, so daß die Leute immer sagten: »Ach, was ist das ein süßes Mädchen.«
Mich störte das nicht weiter, aber als Stephan zwei Jahre alt wurde, fand er es nicht mehr lustig, und die Haare sollten kurz geschnitten werden.
Als die Prozedur beim Friseur losgehen sollte, fing mein Sohn aus Leibeskräften an zu brüllen und wollte nicht mehr aufhören. Der Friseur weigerte sich, die Haare zu schneiden. »Bitte verlassen Sie meinen Salon«, sagte er. »Man könnte ja meinen, hier würde jemand umgebracht. Kommen Sie nach Ladenschluß und bringen Sie sich jemanden zum Festhalten mit.«
Ich nahm meinen Lockenkopf, der sofort wieder ganz lieb war, bei der Hand und ging.

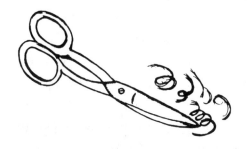

Abends waren wir dann zu viert unterwegs zum Friseur:
1. Der Lockenkopf
2. Der Vater
3. Der Opa
4. Ich, die Mutter.
Nachdem sich der Salon mit uns gefüllt hatte, schloß der Meister die Tür ab und ließ die Rolläden herunter. Dann näherte er sich seinem Opfer.
Stephan begann sofort zu brüllen.

Sein Vater nahm ihn auf den Schoß. Der Opa hielt ihn von rechts, ich hielt ihn links. Irgendwie hatte auch der Friseur noch ein bißchen Platz, sein Handwerk auszuüben.

Die Prozedur war entsetzlich. Mein Sohn schrie wie am Spieß und schwitzte ganz fürchterlich. Alle Versuche, ihn zu beschwichtigen, schlugen fehl. So gut es ging, machte der Friseur seine Arbeit. Zum Schluß waren wir alle völlig mit den Nerven fertig und schwitzten vor Aufregung. Fix und fertig verließen wir den Ort des Geschehens. Stephan war schon wieder fröhlich, aber wir mußten uns erst erholen.

Den Friseur haben wir gewechselt. Merkwürdigerweise ging Stephan von da an gern zum Haareschneiden.

Ich habe nichts getan

Mein Sohn Matthias, fünf Jahre, kam ziemlich verärgert und motzig aus dem Kindergarten nach Hause. »Was ist los«, wollte ich wissen.
»Stell dir vor, ich habe nichts gemacht, und Marianne hat mich in die Ecke geschickt, und die anderen Kinder haben gelacht.«
Ich konnte das nicht fassen, denn ich kannte Marianne, und mein Sohn mochte sie sehr. »Ich kann das gar nicht glauben«, erwiderte ich, »erzähl mir doch mal genau, was passiert ist.«
Wieder kam die Antwort: »Ich habe nichts gemacht, und sie hat mich in die Ecke gestellt.«
»Komm, wir setzen uns hin, und du erzählst mir jetzt die ganze Geschichte ausführlich, und warum du dich ungerecht behandelt fühlst«, sagte ich.

»Da gibt es nichts zu erzählen. Ich habe nichts getan.«

Meine Geduld war fast am Ende, und ich fragte noch einmal etwas massiver nach.

Etwas verschmitzt schaute mich mein Sohn jetzt an. »Es ist wirklich wahr. Ich habe nichts gemacht. Wir sollten aufräumen, und da habe ich nichts gemacht, und deshalb hat sie mich in die Ecke gestellt.«

Finderlohn

Meine Söhne waren neun und sieben Jahre alt, als wir wieder einmal nach schönen Stunden bei der Oma am Spätnachmittag nach Hause gingen. Plötzlich bückte sich Stephan und hob eine goldene Damenarmbanduhr auf. Es war eine sehr schöne Uhr und sicher ein großer Verlust für die Verliererin.
Matthias meinte, er hätte sie zuerst gesehen, aber bevor es zu großen Debatten kommen konnte, erklärte ich, daß wir jetzt alle zur Polizei gehen würden, um die Uhr abzuliefern. Ich machte meinen Söhnen klar, daß man Fundsachen nicht behalten darf.
Stephan als Finder und Matthias als Entdecker gingen stolz und neugierig mit. Es war ein Ereignis für beide, als ihre Namen aufgenommen wurden. Am Abend wur-

de das Erlebnis noch ausgiebig besprochen.
Nach kurzer Zeit war alles vergessen, aber um so größer war die Aufregung, als nach einem Jahr ein Schreiben des Fundamtes kam. Stephan könne die Uhr abholen, es hätte sich niemand gemeldet.
»Da gehe ich aber mit, ich habe sie ja zuerst gesehen«, tönte es gleich von Matthias.
Auf dem Fundamt mußte ich unterschreiben, dann bekam Stephan die Uhr ausgehändigt. Wie ein Schatz wurde sie nach Hause gebracht, und Matthias durfte sie auch ein Stück tragen.
Da es offensichtlich eine wertvolle Uhr war, die aber repariert werden mußte, schlug ich vor, sie zu unserem Uhrmacher zu bringen, der in der Nachbarschaft der Oma sein Geschäft hatte. Und so geschah es.
Der Uhrmacher sah sich das wertvolle Stück genau an, für meine Begriffe besonders lange, und dann

sagte er: »Diese Uhr stammt von mir. Die habe ich verkauft, und anhand der Nummer kann ich sogar feststellen, an wen.«

Er schlug ein großes Buch auf, verglich die Nummer mit den handschriftlichen Eintragungen und gab uns dann Namen und Anschrift der Käuferin.

Meine Söhne verfolgten alles sehr aufmerksam und fanden es toll, daß sie jetzt die Uhr zu der Frau bringen würden. Die würde sich sicher sehr freuen und vielleicht auch Finderlohn zahlen.

Die Adresse war ganz in der Nähe, und wir gingen sofort hin. Gespannt und neugierig schellten meine Söhne.

Ein Mann öffnete, und ich erklärte unser Kommen. Er bat uns in die Wohnung und rief nach seiner Frau.

»Du wirst es nicht glauben, was man dir bringt«, sagte er, als seine Frau in die Diele kam.

Als sie die Uhr sah, rief sie: »Das

hätte ich nie gedacht, daß ich meine Uhr jemals wieder sehen würde. Ich bin gar nicht erst zum Fundbüro gegangen, weil ich dachte, eine so wertvolle Uhr wird niemand abgeben. Ihr seid aber zwei liebe Buben, ihr bekommt auch etwas von mir.«
Mit hochroten Wangen standen meine Söhne da, als die Frau wieder erschien. »Hier habt ihr jeder eine Tafel Schokolade als Belohnung. Auf Wiedersehen.«
Schon standen wir auf der Straße.
»Eine Mark hätte sie uns schon geben können«, befanden meine Söhne.

Nachwort: Als mein Sohn Stephan diese Geschichte las, meinte er mit viel Überzeugung und um Ernsthaftigkeit bemüht: »Was hast du da nur gemacht, Mutter. Du hast eine wertvolle Uhr, die Matthias und mir gehörte, für zwei Tafeln Schokolade hergegeben!«

Dann rief er sofort seinen Bruder in Singapur an, um ihn an die Schandtat seiner Mutter zu erinnern und ihm klarzumachen, wie ihr gemeinsamer Besitz von ihrer Mutter einfach so verplempert worden sei, und was man da nun alles dagegen unternehmen könnte. Das Echo war entsprechend, und wir haben sehr gelacht.

Abends im Bett dachte ich in Ruhe darüber nach. Die Uhr hatte tatsächlich den Kindern gehört, weil sich die Besitzerin überhaupt nicht darum gekümmert hatte. Trotz allem Spaß und Gelächter vom Abend stellte sich der Hauch eines schlechten Gewissens bei mir ein, aber ich beschloß, nicht weiter nachzudenken.

Ein paar Tage später rief eine mit uns befreundete Rechtsanwältin an: »Was ist denn das für eine Geschichte mit der Uhr?« wollte sie wissen. »Stephan hat mich angesprochen und etwas von Finder-

lohn und Vermögen erzählt, das du verschleudert hast. Mach dir keine Gedanken, das ist inzwischen lange verjährt.«

Auf die Verpackung kommt es an

Es war kurz vor Weihnachten und höchste Zeit, die Vorbereitungen abzuschließen, als mein acht Jahre alter Sohn Matthias Schere, Geschenkpapier und Bänder verlangte. Sein Zimmer sei für jedermann ab sofort geschlossen, er wolle jetzt die Geschenke verpacken.
Ich gab ihm das Gewünschte, und er verschwand.
Kurz darauf kam er zurück und reklamierte die Schere. Damit könne er nicht schneiden. Ich gab ihm eine andere.
Ich kam gerade bis zur Küche, da stand er schon wieder vor mir. »Mit den Bändern kann ich nicht gut packen, gib mir bitte andere.«
Das tat ich dann auch, und er wuselte geschäftig in sein Zimmer zurück.
Keine fünf Minuten später erklärte er mir, daß das Weihnachtspapier

auch nicht besonders geeignet sei. Leicht genervt gab ich ihm die große Tragtasche mit allem weihnachtlichen Inhalt in der Hoffnung, daß er nun genügend Variationsmöglichkeiten haben möge.
Und siehe da, Ruhe kehrte ein. Nach langer Zeit erschien ein zufriedener Matthias und brachte die Tragtasche mit den nicht benötigten Utensilien zurück. »Das hättest du mir alles gleich geben sollen«, sagte er.

Der Heilige Abend kam, und Matthias legte seine kunstvoll und liebevoll verpackten Geschenke auf den Gabentisch.

Ich erstarrte.

Alle Pakete und Päckchen waren in meine Weihnachtsdecke eingehüllt, die mein Sohn in maßgerechte Teile zerschnitten hatte.

Die Lieblingshose

Da gab es eine Jeans, die mein Sohn Matthias über alles liebte. Und da er sie so gern anzog, wurde sie vom vielen Waschen auch strapaziert. Und da er in der Hose fast jeden Tag auf dem Bolzplatz Fußball spielte, hatte sie auch oft Löcher und Risse. Ich konnte sie nicht mehr reparieren, und so trug ich sie in Abständen zu unserem Schneider. Der setzte Flicken ein und übersteppte die Löcher, und wenn ich die Hose abholte, sagte er: »Hier ist die liebe Hose.«
Die liebe Hose bestand bald nur noch aus Flicken, aber sie mußte für Matthias immer wieder neu geflickt werden.
Ich glaube, kein anderer Schneider als unser Grieche Gregorius Gaganis hätte dieses »Prunkstück« noch angefaßt.
Inzwischen sind etwa zwanzig Jah-

re vergangen, aber noch immer, wenn ich zu ihm komme, stellt mir unser Schneider die Frage: »Was macht die liebe Hose?«

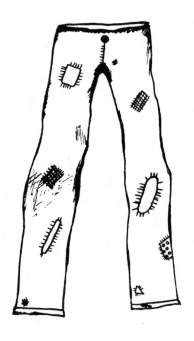

Volker oder der kleine Hunger

Volker war und ist der beste Freund meines jüngsten Sohnes. Er steht auch mir sehr nahe und seine Frau und seine Kinder ebenfalls. Man kann wunderbar mit ihm reden und vor allem viel lachen.

Als Volker und Matthias noch zur Schule gingen, kam er oft zu uns und war ein gerngesehener Gast. Essen war für ihn eine besondere Freude, und er hatte immer Hunger.

Einmal kam er gegen Abend zu uns und verschwand sofort in Matthias Zimmer. Ich ging ihm nach und fragte, ob er Hunger hätte. Er meinte: »Ach, heute habe ich nur einen kleinen Hunger, aber ein bißchen könnte ich schon essen.«

Und das tat er dann auch: zwei Scheiben Wurstbrot, vier Stück Pfir-

sichtorte, zwei Stück Rührkuchen und ein Schälchen Nüsse so zwischendurch. Das spülte er mit zwei Flaschen Obstsaft hinunter.
Anschließend stand er auf, bedankte sich und meinte, daß er jetzt nach Hause gehen müsse, weil seine Mutter mit dem Essen auf ihn warte. Ich starrte ihn sprachlos an.
Volker ist heute ein schlanker junger Mann, und wir lachen noch oft über den »kleinen Hunger«.

Auch so etwas gibt es

Wir waren mit unseren Kindern wieder einmal in den Ferien in Tirol. An einem wunderschönen Sommertag machten wir uns frühmorgens auf zu einer Almwanderung am Patscherkofel. Es ging stetig in Kehren bergan zwischen Bäumen, Büschen und Felsgestein, aber der schmale Weg war gut begehbar und unser Schuhwerk der Wanderung entsprechend. Glasklares Wasser plätscherte am Wegrand zu Tal, und wir überquerten den kleinen Bach über Holzstege etliche Male.

Wir waren ungefähr eine Stunde bergauf unterwegs, als wir Geräusche hörten. Es klang wie leises Weinen. Wir lauschten. Tatsächlich, weiter oben weinte jemand, und zwischendurch rief es zaghaft »Hallo, hallo«.

Beim Näherkommen entdeckten

wir zwei Kinder von etwa sieben bis acht Jahren, die mitten im Gestrüpp an einem Abhang standen. Wir riefen sie an: »Habt keine Angst, wir holen euch. Bleibt nur schön ruhig stehen.«
Vorsichtig verließen wir den Weg und gingen in dem unwegsamen Gelände zu den Kindern hin. Sie erzählten uns, daß sie mit ihren Eltern auf den Patscherkofel wollten, vorausgelaufen seien und dann den Weg abgekürzt hätten. Dabei hatten sie sich verlaufen und nicht mehr weiter gewußt.
Wir brachten die Kinder, die Sandalen an den Füßen trugen, bergab zur Mittelstation der Patscherkofel-Bahn. Dort ließen wir die Gipfelstation anrufen und Bescheid geben, daß wir zwei Kinder gefunden hätten und sie mit uns zum Hotel nehmen würden.
Die Kinder erzählten uns, daß sie mit dem Auto gekommen seien, das auf dem Parkplatz der Talstation

stehe. Also brachen wir unsere Wanderung ab, fuhren mit den Kindern nach unten und klemmten eine Nachricht mit einigen erklärenden Worten hinter den Scheibenwischer.
Inzwischen war es fast Mittag geworden, als wir in unserem Hotel ankamen. Eine Anfrage wegen der Kinder lag noch nicht vor.
Wir aßen zu Mittag, und anschließend besorgten wir den Kindern, die sich inzwischen sehr wohl fühlten, Badesachen. Gemeinsam mit unseren Söhnen vergnügten sie sich im Hotelbad und spielten anschließend auf der Wiese Ball.
Zum Nachmittagskaffee gab es große Eisbecher, aber noch immer keine Nachricht von den Eltern. Langsam wurden wir unruhig und machten uns Gedanken. Was könnte nicht alles passiert sein.
Am Spätnachmittag schellte endlich das Telefon. Fröhlich und guter Dinge teilte mir die Mutter mit, daß

sie in etwa einer Stunde vorbeikomme, um ihre Kinder abzuholen. Sie hätten auf dem Patscherkofel erfahren, daß ihre Kinder wohlauf seien, und da hätten sie sich einen schönen ruhigen Urlaubstag gemacht und sich in die Sonne gelegt ...

Eskortiert

Gern erinnere ich mich an unseren ersten Urlaub in den Niederlanden. Die Familie hatte ein Hotel in Vlissingen gebucht, das direkt am Meer lag. Bei unserer Ankunft lag im Zimmer ein Hinweis, daß am Nachmittag ein Radrennen auf der Uferstraße am Meer entlang stattfinde und deshalb in dieser Zeit das Hotel mit dem Auto nicht zu erreichen sei. Wir waren ja gut angekommen, also betraf uns das nicht weiter, und wir vergaßen den Hinweis schnell.

Am Abend hatten wir eine geschäftliche Verabredung, daher suchte ich am Nachmittag einen Friseur in der Innenstadt auf und ließ mich verschönern. Es stellte sich schnell heraus, daß der Meister in Wiesbaden gelernt hatte, und während des Frisierens unterhielten wir uns bestens.

Wie das klischeehaft üblich ist und jeder kennt, regnete es nach Beendigung der Prozedur tatsächlich in Strömen. Man bestellte mir ein Taxi. Als ich dem Fahrer mein Ziel nannte, schüttelte er bedauernd den Kopf.
»Dort kann ich jetzt nicht hinfahren, da ist wegen eines Radrennens alles gesperrt. Wissen Sie was, ich zeige Ihnen die Altstadt von Vlissingen, und dann sehen wir weiter.«
Ich willigte ein, und dann fuhr er los und begann sofort mit seinen

Erklärungen. Ich sank allmählich immer tiefer in die Polster und dachte bereits mit Schaudern an die Rechnung, die da auf mich zukommen würde. Nach einer Viertelstunde Fahrt, ich hatte schon einiges von dieser reizenden Stadt gesehen, sagte mein Fahrer plötzlich: »So, jetzt rufe ich die Polizei, damit sie uns vor das Hotel bringt. Im Moment sind die Radfahrer nämlich am anderen Ende der Stadt.«
Ich konnte das gar nicht so schnell fassen, schon war ein Polizeiauto da und fuhr vor uns her zum Hotel. Am Fenster unseres Hotelzimmers standen mein Mann und meine beiden Söhne, die von dort das Radrennen verfolgt hatten. Sie staunten nicht schlecht, als die Eskorte vor dem Hotel hielt und »ich« ausstieg. Der Taxifahrer berechnete übrigens nur die Fahrt vom Friseur zum Hotel. Es habe ihm Freude gemacht, mir seine Heimatstadt zu zeigen.

Geteiltes Leid

Achtzehn Jahre alt war mein Sohn Matthias, als er mit einer Meniskusoperation im Markus-Krankenhaus lag. Er hatte sich als begeisterter Fußballspieler und Libero des VFR Bockenheim diese Verletzung zugezogen.

Das Markus-Krankenhaus eignete sich für ihn besonders zum Auskurieren solcher Verletzungen, denn von seinem Zimmerfenster konnte er in Richtung Bockenheim das Spielfeld des VFR sehen. Mit Fernglas und auf Krücken humpelte er dann zum Fenster und schaute von dort dem Vereinsleben zu.

An einem Sonntag gegen zehn Uhr bezog Matthias wieder einmal Posten, denn ein Punktspiel seiner Mannschaft stand an. Gern wäre er dabeigewesen, aber wenigstens das Spiel konnte er beobachten.

Die Mannschaften liefen sich warm,

im Tor stand sein Freund Bernhard und ließ sich einschießen. Einige der Spieler winkten Richtung Krankenhaus, denn sie wußten von dem Beobachter. Dann verließen alle den Platz, um gleich darauf gemeinsam einzulaufen.
Matthias verfolgte alles sehr aufmerksam. Es dauerte ungewöhnlich lange, bis die Spieler das Spielfeld betraten. Dann endlich ... Aber was war das? Bernhard fehlte, statt dessen war ein anderer Torhüter im Tor.
Mein Sohn wunderte sich, aber dann nahm ihn das Spiel gefangen, und er freute sich, als seine Mannschaft den Platz als Sieger verlassen konnte.
Als Matthias nach getaner Arbeit wieder im Bett lag, ging die Tür auf, und ein neuer Zimmergenosse wurde hereingerollt. Bernhard, sein bester Freund, frisch operiert und noch leicht benommen.
Später erfuhr Matthias, daß sein

Freund nach dem Aufwärmen beim Verlassen des Platzes in ein Loch im Rasen getreten war und sich eine Knieverletzung eingefangen hatte.
So kam es, daß Libero und Torwart des VFR Bockenheim von nun an gemeinsam die Spiele ihrer Mannschaft beobachten konnten und die Spieler des VFR sich bei Heimspielen zum Erstaunen der Zuschauer eine Zeitlang immer in Richtung Markus-Krankenhaus verbeugten.

Nachwort:
Matthias ist heute Patenonkel des ältesten Sohnes seines Freundes Bernhard. Der kleine Johannes ist jetzt sieben Jahre alt und begeisterter Fußballer.

Bei seinem letzten Besuch aus Singapur war Matthias auch bei ihm und brachte herrlich klaffende Sohlen an seinen Halbschuhen mit zurück. Offenbar hat seine Liebe zum Fußball nicht nachgelassen.

Die musikalische Ziege

An einem sonnigen Sonntag im Spätsommer waren wir zu einem Konzert auf die Burg Coraidelstein eingeladen. Unser Auto stellten wir in Glotten ab, einem wunderschönen Moseldorf, und stiegen zu Fuß zur Burg hinauf. Das Konzert fand in einer Villa vor der Burgruine statt. Wir waren ein bißchen zu spät dran und hörten von ferne schon die schöne Musik, die aus den offenen Fenstern und Türen der Villa klang.
Um nicht zu stören, blieben wir draußen im Freien und genossen das Konzert und den traumhaften Ausblick auf die Mosel. Ich schlug vor, noch etwas höher zu steigen, um den Ausblick noch besser genießen zu können. Langsam stiegen wir höher. Ziemlich weit oben stand ein alter Schuppen, und als wir in seiner Nähe waren, öffnete

sich die Tür und eine Ziege stolperte heraus. Sie blieb einen Augenblick stehen, schnupperte in der Luft herum und meckerte einmal kurz. Dann setzte sie sich bergab in Trab. Uns beachtete sie nicht, aber wir waren doch interessiert, was sie im Sinn haben könnte, und gingen ihr nach, denn sie lief schnurstracks auf die Villa zu.

Die Ziege war deutlich schneller als wir, und so konnten wir nur von weitem sehen, wie sie kurz vor dem Haus stehenblieb, langsam die Treppen zur Terrasse hochstieg und dann im Haus verschwand.

Beim Näherkommen hörten wir außer der Musik nun auch unterdrücktes Gelächter, Gekicher und Gesprächsfetzen des Publikums. Und dann erschien der Hausherr an der Tür und zerrte die Ziege hinter sich her. »Mach dich sofort wieder in deinen Stall, du verrücktes Vieh. Ich möchte doch zu gern wissen, wie du die Tür aufbekommen hast.«

Die Ziege trottete offensichtlich beleidigt und leise protestierend meckernd den Berg hinauf.

Später erfuhren wir, daß die Ziege schon öfters in das Haus gekommen war, denn der Hausherr hatte es ihr angetan. Der hatte auch die Stalltür geschlossen, um den ungebetenen Gast fernzuhalten. Aber irgendwie hatte es das schlaue Tier doch geschafft, am Konzert teilzunehmen. Und beim anschließenden Empfang war die musikalische Ziege Hauptgesprächsthema und sorgte noch für einige Heiterkeitsausbrüche bei den anwesenden Gästen.

Kinderpässe

Meine Bekannten waren mit ihren beiden vier und fünf Jahre alten Kindern auf Urlaubsreise in Italien. Beim Passieren der Grenzen auf der Hinreise bekamen die Kleinen mit, daß nur ihre Eltern Reisepässe vorzeigen mußten, sie selbst aber keinen Ausweis hatten und auf den Dokumenten ihrer Eltern eingetragen waren.
»Weißt du was«, sagte das Mädchen zu seinem Bruder, »wir malen uns unsere Pässe selbst.«
»Das ist eine prima Idee«, rief der Bruder begeistert, »au ja, das machen wir.«
Mit großem Eifer setzten sich die beiden hin und malten, und auch ein selbstgemaltes Paßbild war selbstverständlich mit dabei. Sie hatten viel Arbeit und waren tagelang mit Feuereifer bei der Sache. Auch die Eltern hatten Spaß und

Freude an der Begeisterung, mit der die Kinder ihre Pässe herstellten.

Auf der Heimreise saßen die beiden erwartungsfroh hinten im Auto. Jedes hielt seinen selbst angefertigten bunten Paß in der Hand und wartete auf den Grenzübergang.

Die erste Grenze kam in Sicht. Der italienische Beamte winkte das Auto der Familie durch. Da setzte großes Geschrei ein. Der Vater hielt an, fuhr zurück und erklärte dem Beamten die schwierige Lage. Der Italiener lachte und ließ sich dann ganz ernsthaft die Pässe der Kinder zeigen. »Si, si, alles in Ordnung«, sagte er und gab die Ausweise zurück. »Bitte weiterfahren, und gute Reise.«

»Wir wollen einen Stempel«, riefen die Kinder aufgeregt.

»Ah, natürlich, selbstverständlich«, rief der Grenzbeamte, »das hätte ich ja beinahe vergessen.« Schon hatten die Kinder ihren Stempel im Paß, und glücklich fuhren sie mit ihren Eltern weiter.

Auf der Schweizer Seite wiederholte sich das ganze. Durchwinken, anhalten und den Wunsch der Kinder wiederholen. Der Schweizer Beamte besah sich die Pässe der Kinder, doch bei dem Wunsch nach einem Stempel schüttelte er den Kopf. »Das ist leider nicht möglich«, sagte er. Aber auf das drängelnde Bitten der Kinder hin verschwand er mit den Pässen im Grenzhäuschen, man hörte zwei kurze Schläge, und dann hatten die Kinder ihre Pässe wieder mit wunderschönen Stempeln. Hochzufrieden fuhr man weiter. Auch an der deutschen Grenze wurden die Kinderpässe vorgelegt. Der deutsche Beamte betrachtete sie gewissenhaft von allen Seiten, schüttelte den Kopf, runzelte die Stirn und kniff die Augen zusammen. Dann sagte er: »Da sind ja gültige Stempel darauf. Damit sind es Dokumente. Die muß ich leider einziehen.«

Turnsalat

Der Besuch unseres Bekannten Jim aus den USA näherte sich seinem Ende. Wir hatten viel mit ihm unternommen, und am Tag vor seinem Rückflug waren noch etliche gemeinsame Besorgungen angesagt. Ich nutzte die Gelegenheit, um Obst und Gemüse einzukaufen. Schwer beladen mit einer ganzen Reihe von Plastiktüten kamen wir am Spätnachmittag in die Wohnung zurück. Jim begann gleich zu packen, ich stellte einen Teil meiner Einkäufe auf den Balkon.
Am nächsten Morgen brachten wir unseren Bekannten zum Flughafen. Alle bedauerten, daß die schöne Zeit hier vorüber war.
Am Abend erhielt ich einen Anruf aus New York. »Ich bin gut angekommen. Aber zu meiner großen Überraschung fand ich in der einen

Plastiktüte drei Köpfe Salat statt der neuen Turnschuhe.«
Ich lief gleich auf den Balkon, und richtig, in der vermeintlichen Salattüte lagen die schönen neuen Turnschuhe.

Alles in die falsche Richtung

Einer meiner Bekannten fuhr mit dem Zug nach Hause. Mit ihm im Abteil saßen noch zwei Herren. Nach etwa fünfzehn Minuten Fahrt erschien der Schaffner und kontrollierte die Fahrkarten. Mein Bekannter war sehr erstaunt, als der Schaffner ihm mitteilte, daß er im falschen Zug sitze. Er müsse den in die andere Richtung nehmen.
Mein Bekannter konnte es kaum glauben. Er schaute aus dem Fenster, und da ihm alles vertraut vorkam, wurde er sehr unsicher.
Inzwischen hatte der Schaffner auch die Fahrkarten der beiden anderen Herren kontrolliert. Auch sie saßen im falschen Zug. Das war dann doch unglaublich. »Wohin fahren wir denn jetzt?« fragte einer der drei Falschfahrer. Der Schaffner

nannte den Ort, und danach ertönte im Abteil lautes Gelächter.
Der Schaffner hatte den falschen Zug erwischt, nicht die Reisenden. Völlig verwirrt entschuldigte er sich, und auf der nächsten Station sah man ihn den Bahnsteig entlangeilen.

Die unbekannte Mutter

Ich hatte in der Stadt zu tun, und in der Mittagszeit suchte ich ein kleines Restaurant auf, um zu essen. Die Tische waren fast alle gut besetzt, nur bei einer alten Dame war noch ein Platz frei. Freundlich lächelnd nickte sie auf meine diesbezügliche Frage, und kaum hatte ich mich gesetzt, begann sie mir auch schon von ihren Kindern, ihrer Heimat und ihrem Zuhause zu erzählen. Ich hatte mir noch gar nichts bestellt, da wußte ich schon ein Stück ihrer Lebensgeschichte. Dann wurde ihr Essen gebracht, und ich gab meine Bestellung auf.
Während sie aß, erzählte sie munter weiter von allerlei Begebenheiten aus ihrem Leben. Ich brauchte nur zu nicken oder »na so etwas« zu sagen. Während sie aß und erzählte, betrachtete ich sie etwas genauer. Sie war sehr liebenswert, gut ge-

kleidet und frisiert. Alles in allem sehr angenehm, und ich verbrachte eine anregende halbe Stunde.

Inzwischen war sie mit dem Essen fertig, und als meines gebracht wurde, stand sie auf, wünschte mir guten Appetit und verabschiedete sich. Danach ging sie eilig zur Kellnerin, und ich wandte mich meinem Essen zu.

Später rief ich die Kellnerin, um zu bezahlen. Sie nannte den Preis und gab mir die Rechnung. »Stimmt etwas nicht?« fragte sie, als sie mein überraschtes Gesicht sah.

Ich nickte. »Sie haben mein Essen wohl versehentlich zweimal berechnet«, meinte ich.

«Aber nein«, gab sie mir zur Antwort, »Ihre Frau Mutter, die vorhin mit Ihnen hier am Tisch saß, hat mir gesagt, ihre Tochter würde ihr Essen übernehmen.«

So hatte ich für kurze Zeit wieder eine Mutter gehabt, und nett und liebenswürdig war sie auch.

Zehn vor fünf

Ich war als Trauzeugin zu einer Hochzeit eingeladen. Die Trauung sollte am Sonntag um elf Uhr in einer Kirche stattfinden, die etwa eine halbe Stunde von meiner Wohnung entfernt war.
Am Abend vorher saßen wir noch bis gegen Mitternacht zusammen. Zum Abschied bekam ich von der Gesellschaft mit auf den Weg: »Daß du ja nicht verschläfst! Um viertel vor elf vor der Kirche!«
Zu Hause richtete ich alles vor, stellte den Wecker auf acht Uhr und legte mich beruhigt schlafen.
Als ich erwachte, war es schon hell. Der Wecker hatte noch nicht geschellt. Ich schaute auf die Wanduhr und erschrak: fünf Minuten vor halb elf! Raus aus dem Bett, kurz durchs Bad gehuscht, rein in die Kleider, Schuhe an, Tasche geschnappt, noch ein Blick zur Uhr, genau *fünf* Uhr!

Sechs Stunden vor der Trauung stand ich da, fix und fertig im wahrsten Sinne des Wortes.

Als mein Wecker brav und pünktlich um acht Uhr klingelte, konnte ich in aller Ruhe den zweiten Anlauf an diesem Morgen nehmen, schließlich hatte ich ja gut geübt.

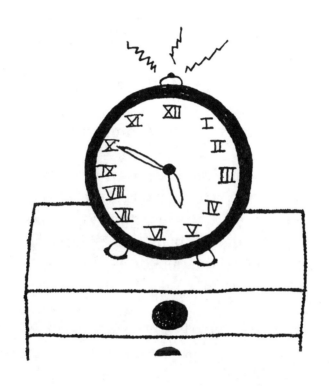

Nicht schon wieder

Wir sind früher mit den Kindern oft zum Winterurlaub nach Tirol gefahren. Wir wohnten in der Nähe des Patscherkofels und waren auf diesem Berg zum Skifahren und Rodeln.

Es war in den ersten Januartagen, und viele Urlauber waren schon abgereist. In dem Bergdörfchen wurde es ruhig, auch auf den Skiabfahrten des Patscherkofels herrschte wenig Betrieb.

Ein Freund aus dem Dorf machte uns einen Vorschlag: »Morgen fahren wir ohne Ski und Rodel auf den Patscherkofel und rutschen die Olympia-Abfahrt auf dem Hosenboden hinunter. Das wird ein riesiger Spaß.«

Der folgende Tag war strahlend schön, und wir hatten einen traumhaften Blick, als wir mit der Gondel

auf den Patscherkofel fuhren. Es waren nur wenig Wintersportler unterwegs. Die Olympia-Abfahrt sah doch sehr gefährlich aus, und wir nahmen von unserem Vorhaben Abstand. Aber die Familien-Abfahrt schien uns geeignet. Also hingesetzt, und ab ging es. Es machte großen Spaß, und unter viel Gelächter rutschten wir abwärts. Ich war etwas ängstlich und vorsichtig und deshalb in einer Senke zum »Stillsitz« gekommen, während die anderen Rutscher schon weiter unten waren.
Plötzlich rauschte es, und ein Skifahrer stoppte dicht hinter mir. Der Mann schimpfte und war genau so erschrocken wie ich. Mit deutlichen Worten machte er mir klar, wie sträflich leichtsinnig mein Verhalten sei und auch verboten. Zerknirscht entschuldigte ich mich. Nachdem sein erster Zorn herausgelassen war, war der Skifahrer

sehr nett, wünschte mir noch einen schönen Tag und fuhr weiter.
Da saß ich nun und mußte doch nach unten. Zur Seite konnte ich nicht, da sank ich sofort im Tiefschnee ein, also mußte ich weiter rutschen, ob ich wollte oder nicht.
»Halloooo«, riefen die anderen von weit unten. »Hallo«, rief ich von weit oben. Dann setzte ich mich auf den Hosenboden und »fuhr« weiter. Es machte richtig Spaß, und eine Weile ging es zügig abwärts. Dann kam wieder eine Senke und ich zum Stillstand.
Hinter mir rauschte es, und eine Wolke von Schnee stob über mich. »Nicht schon wieder«, sagte der Skifahrer von vorhin. »Doch, ich bin's«, sagte ich, »ich muß doch irgendwie nach unten.«
Das sehe er ja ein, aber gleich vorn komme ein Weg, und den solle ich doch bitte nehmen und zu Fuß gehen. Ich versprach es. Er schaute mich sehr skeptisch an.

Ich bin dann zu Fuß nach unten marschiert, was sehr beschwerlich war, denn der Weg war vereist.
Heute ist mir klar, ich hatte Glück, daß nichts passiert ist, denn Fußgänger haben auf einer Skiabfahrt wirklich nichts zu suchen.

Die Nadel im Heuhaufen

Auf einer Reise nach Australien machten wir einen Zwischenstop in Hongkong und blieben einige Tage dort. Wir unternahmen schöne Ausflüge und besichtigten, was immer man sich ansehen konnte.

Am letzten Tag unseres Aufenthaltes – für den Abend hatten wir den Weiterflug nach Melbourne gebucht – fuhren wir mit der Fähre von unserem Hotel in Kowloon nach Hongkong Island und von dort auf den Peak-Point. Es war ein sonniger Tag, und nachdem wir von oben die wundervolle Aussicht genossen hatten, machten wir uns auf den Rückweg. Mein Mann wollte noch die Bank von Hongkong filmen, ich schaute mir inzwischen eine Kirche am Fuße des Peak-Point an.

Irgendwie hatten wir wohl aneinander vorbeigeredet, denn als ich aus

der Kirche kam, war von meinem Mann nichts zu sehen. Ich wartete.
Ich wartete ein Weilchen ...
Ich wartete ein weiteres Weilchen ...
Dabei fiel mir ein, daß ich meinen Reisepaß im Hotel gelassen hatte ...
Und Geld hatte ich auch nicht bei mir ...
Während ich noch so vor mich hin sinnierte, beschloß ich, noch ein wenig zu warten ...
Ich ging nach links und schaute: nichts.
Ich ging nach rechts und schaute: nichts.
Jede Menge Menschen hasteten an mir vorüber. Wer Hongkong kennt, weiß, wovon ich schreibe.
Bleib vor der Kirche, dachte ich mir, hier haben wir uns zuletzt gesehen. Vielleicht könnte ich auch den Pfarrer bitten, mir zu helfen. Mit einem Taxi könnte ich mich zum Hotel bringen lassen, aber das wäre ein sehr weiter Weg.

Ich hing noch diesen Gedanken nach und muß wohl entsprechend ausgesehen haben. Jedenfalls steuerte mich ein gut gekleideter Herr an und fragte, ob er mir helfen könne. Ich bejahte freudig und erzählte mein Mißgeschick. Ohne große Worte zog er seine Geldtasche, drückte mir zehn Hongkong Dollar in die Hand und zeigte mir den Weg zur Fähre.
Ich bedankte mich sehr herzlich und wollte seine Anschrift, um ihm das Geld zurückschicken zu können, aber er schüttelte nur den

Kopf, wünschte mir alles Gute und ging weiter. Ich werde seine Hilfsbereitschaft nie vergessen.

Ich machte mich auf den Weg zum Hafen. Sehr weit war das nicht, denn nach kurzer Zeit schon konnte ich die Fährschiffe sehen. Plötzlich hupte es laut und ausdauernd dicht hinter mir, und dann hörte ich meinen Namen.

Mein Mann hatte ein Taxi genommen und war damit durch die Straßen gefahren, um mich zu suchen. Und er fand mich tatsächlich, mitten in Hongkong.

Benny der Vogel

Unsere Bekannten haben einen Hund, der verschiedene Rassen in sich vereint und ein lieber Kerl ist. Er war in das Alter eines Halbstarken gekommen und Herumtoben in Haus und Garten gehörte zu seinen Lieblingsbeschäftigungen. Vögel hatten es ihm besonders angetan, und er sauste ihnen im Garten nach, wo immer er sie sah. Auch wenn sie hochflatterten, ließ er nicht von ihnen ab und sprang so hoch er konnte. Erwischt hat er keinen einzigen, aber er war mit Feuereifer bei der Sache.

Als er wieder einmal einem Vogel nachsetzte, flüchtete dieser auf einen Baum. In vollem Tempo rannte Benny ihm nach und sprang mit einem Satz am Baumstamm hoch. Aber dann war es auch schon geschehen. Er prallte ab und fiel genau auf den Rücken. Benommen

blieb er einen Augenblick liegen und kroch dann mühevoll ins Haus zurück. Er hatte sich sehr weh getan und konnte sich kaum auf den Beinen halten.
Unsere Bekannten packten ihn voller Sorge in eine Decke und brachten ihn im Taxi zum Tierarzt. Der Arzt untersuchte den strammen Kerl, gab ihm eine Spritze und meinte, der Hund habe eine Art Hexenschuß durch den Fall. Das gehe bald vorüber.

Auf der Heimfahrt im Taxi saß Benny in die Decke gehüllt auf dem Schoß seines Frauchens und schaute Mitleid heischend in die Gegend. Der Taxifahrer meinte bedauernd: »Der arme alte Hund, er tut mir so leid. Sicher muß er in seinem hohen Alter noch viel ertragen.«

Daß der »alte Hund« erst gerade ein Jahr alt war und leiden mußte, weil er gern ein Vogel sein wollte, verschlug dem Taxifahrer die Sprache.

Der Wunderteppich

Ein Bekannter hatte sich einen großen Teppich gekauft. Wir wurden eingeladen, das Prunkstück zu bestaunen. Der Besitzer konnte gar nicht damit aufhören, stolz zu erzählen, wie wertvoll der Teppich sei und welch Schnäppchen er gemacht habe. Beste Orientqualität, und welch außergewöhnlich wunderbar anzusehenden entzükkenden Fransen aus allerfeinster Seide ...

Hingebungsvoll kämmte und strich unser Bekannter mit einem Teppichkamm die Fransen, während er das Loblied des Teppichkaufs um weitere vierzehn Strophen erweiterte.

Wir hörten ihm zu, bückten uns pflichtgemäß und befühlten das Objekt seines Stolzes. Tatsächlich, ein Teppich.

Etwa vierzehn Tage später schilderte unser Bekannter mir am Telefon völlig außer sich und mit bebender Stimme das Teppich-Drama: Handwerker hatten bei ihm eine Wand durchschlagen und anschließend den Schmutz mit einem Industriestaubsauger entfernt. Dabei waren sie dem »wertvollen Teppich« wohl etwas nahe gekommen. Der Staubsauger hatte sich alle wunderbaren Seidenfransen ohne Mühe einverleibt.

Nur mit dir

Susanna, eine liebe Freundin, beschäftigt sich durch das Hobby ihres Mannes seit Jahren mit der Aufzucht von Doggen. Sie hat mir oft von den Hunden erzählt, und eine Geschichte will ich hier weitergeben:
Eine junge Hündin hing besonders an Susanna, immer wollte sie bei ihr sein, und manches Mal war diese große Zuneigung direkt lästig.
Susanna war zugegen, als die Hündin Junge bekam. Alles ging gut, Hundemutter und Hundekinder waren gut versorgt, und Susanna ging zu Bett.
Auf einmal tapste es draußen, Türen wurden aufgeschoben, und dann legte sich ein großer Hundekopf liebevoll auf Susannas Bauch.
»Ach du liebe Zeit,« sagte Susanna, »du bist wohl nicht gescheit. Du mußt doch bei deinen Hunde-

kindern sein und sie warm halten.« Aber das störte die Rabenmutter nicht. Sie bewegte sich nicht vom Fleck und himmelte ihre Herrin an.

Also stand diese auf, nahm die Hündin und brachte sie zu ihren winselnden Jungen. Brav legte sie sich zu ihren Kindern, nicht ohne den Blick fest auf Susanna gerichtet zu lassen. Diese redete ihr noch einmal gut zu und ging dann Richtung Schlafzimmer.

Taps, taps machte es hinter ihr, und da stand sie schon wieder und schaute ganz treu, die nachlässige Hundemutter.

Alles Zureden half nicht, es mußte eine andere Lösung her, denn schließlich war es ja ganz wichtig, daß die Hundekinder die Wärme ihrer Mutter spürten.

Also schnappte sich Susanna ihre Matratze samt Oberbett und transportierte alles in den Raum mit den jungen Hunden, ständig begleitet von ihrer Freundin. Susanna legte sich mit ihren Utensilien direkt neben die kleinen Hunde, und brav und zufrieden legte sich die Hündin zu ihren Kindern.

Daß meine Freundin bei dieser Erziehungsmethode nun vier Wochen auf der Erde schlafen mußte, versteht sich wohl von selbst.

Die Schokounterlagen

An einem Freitag gegen Mittag wartete ich darauf, daß meine Söhne von der Schule heimkamen. Die Wohnung war fürs Wochenende gerichtet. Ich hatte gerade die Gardinen gewaschen und die Übervorhänge aus der Reinigung geholt und an die Garderobe gehängt. Das Essen war gar und wartete auf seine Abnehmer. Zum Nachtisch gab es Schokoladenpudding, den ich in kleinen dreieckigen Schüsselchen portioniert in die Diele zum Auskühlen gestellt hatte.

Da schloß mein Mann unerwartet die Tür auf, rief mir ein »Ich hole nur rasch ein paar geschäftliche Unterlagen« zu und verschwand in seinem Zimmer. Wenige Augenblicke später erschien er auch schon wieder und eilte zur Tür. Da sah er die Schüsselchen mit Pudding.

»Oh, davon nehme ich mir eins,«

sagte er und griff zu. Und das Schicksal nahm seinen Lauf.
Die Schüssel rutschte ihm aus der Hand, schlug irgendwie raffiniert auf dem Dielenboden auf und begann sich wie wild zu drehen. Dabei verteilte sie ihren Inhalt sowohl horizontal als auch vertikal in alle Richtungen. Es war großartig.
Sprachlos starrte ich ins Chaos. Schokoladensprenkel in der Küche hatten die Schränke bis zur Decke erwischt. Und erst die Diele! Alles, was ich aus der Reinigung geholt hatte, übersät mit Schokopünktchen. Wände, Teppich, einfach alles, und mitten drin mein Mann im gleichen Outfit.
In diesem Augenblick betraten meine Söhne die Wohnung, schauten zuerst ganz verdattert, um sich dann vor Lachen nicht mehr einkriegen zu können. »Wie seht ihr denn aus?« japsten sie. Und dann kam der Satz: »Ein Glück, daß wir das nicht waren.«

An diesem Tag erhielt die Reinigung noch einen Großauftrag von uns, und das alles nach dem Motto: »Ich hole nur schnell ein paar geschäftliche Unterlagen.«

Der Hammer

Diese Geschichte mag ein bißchen »unglaublich« wirken, aber sie hat sich tatsächlich vor einigen Jahren so ereignet. Unsere Wohnung wurde gerade völlig renoviert, einschließlich neuer Teppichböden. Jeder weiß, wie es aussieht, wenn ein Zimmer nach dem anderen frisch tapeziert und gestrichen wird. Mein Mann lag im Krankenhaus, und ich lebte in einer Baustelle.
Es war ein Abend im April, das Wohnzimmer war gerade ausgeräumt bis auf den großen Schrank, der mit Plastikfolie bedeckt in der Zimmermitte stand. Ich saß im Nebenzimmer vor dem Fernseher und aß dabei zu Abend. Im Unterbewußtsein nahm ich wahr, daß es im Wohnzimmer raschelte, schenkte dem Geräusch aber weiter keine Beachtung.
Da raschelte es wieder, und diesmal

wurde ich aufmerksam. Vorsichtig machte ich die Schiebetür zum Wohnzimmer einen Spalt auf. Jemand zog von der anderen Seite des Schrankes her ganz langsam und vorsichtig die Folie herunter. Sehen konnte ich ihn nicht.
Jetzt war alles ruhig, und ich wollte mich schon wieder hinsetzen, da bewegte sich die Folie wieder ein Stückchen.
Mich packte das Entsetzen. Nur schnell raus hier.
Aber dazu mußte ich durchs Wohnzimmer, und da war ja der Einbrecher und würde mich entdecken.
Mein Blick fiel auf einen kleinen Hammer, der zwischen den ausgeräumten Sachen lag. Ich ergriff ihn, nahm all meinen Mut zusammen und schlich mich in die Diele.
Ein kurzer Blick ins Wohnzimmer ließ mich aufatmen. Die Folie war nun ganz vom Schrank gerutscht, zu sehen war niemand. Ich hatte mich ganz umsonst aufgeregt. Erleichtert

legte ich das Hämmerchen zurück zu den anderen Utensilien, da tat es einen furchtbaren Schlag im Schlafzimmer. Also doch ein Einbrecher. Ich schnappte meine »Waffe« und marschierte mutig in Richtung Schlafzimmer. An der Tür lauschte ich. Nichts zu hören. Zu allem entschlossen öffnete ich die Tür und wäre fast über zwei Gardinenstangen gestolpert, die sich selbständig gemacht hatten und quer am Boden lagen.
Erleichtert und froh über den Ausgang des Gespensterabends setzte ich mich in meinen Sessel. Dann wurde ich sehr nachdenklich und konnte es kaum fassen, daß ich mich so in die Angst getrieben hatte. Meine Reaktionen und Handlungen schienen mir sehr befremdlich, sicher hätte mir im »Ernstfall« das Hämmerchen nicht geholfen. Das nächste Mal würde ich ganz anders vorgehen.
Hoffentlich kommt das nie.

Leinen los

Meine Cousine besaß ein Italienisches Windspiel, ein Hund mit großem Stammbaum und vielen Preisen, eben ein Rassehund.
Annika, so hieß dieses schlanke, elegante Wesen, wurde immer in den nahegelegenen Park geführt und war Bewunderung gewöhnt. Auf dem Weg zur Grünanlage lag ein Konsulat, das von der Polizei bewacht wurde. Vor dem Gebäude stand ein Polizeiauto, in dem hinten ein Schäferhund lag.
Bei jedem Gang blieb Annika an diesem Auto stehen und bellte den Schäferhund gehässig an. Der aber blieb gelassen liegen und würdigte die aufsässige Hundedame keines Blickes. So ging das mehrmals täglich fast zwei Wochen lang.
Wieder einmal stand Annika kläffend an dem Polizeiauto, als plötz-

lich die hintere Klappe des Autos aufsprang. Mit einem Satz war der Schäferhund auf der Straße und lief auf die verdutzte Annika zu. Die verstummte, drehte sich blitzschnell, riß die Leine los und rannte in Richtung Wohnhaus. Nun können Italienische Windspiele ja sehr schnell laufen, und so holte sich Annika einen kleinen Vorsprung heraus. Hinter ihr rannte der Schäferhund, dahinter laut rufend ein Polizist und dann so schnell sie konnte meine Cousine. Für die vorübergehenden Passanten ein recht ungewöhnliches Schauspiel, welches zum Lachen animierte.
Mittlerweile war die total erschrokkene Annika vor ihre verschlossene Haustür gerannt, und dann war der Schäferhund auch schon bei ihr. Er packte sie am Genick und schüttelte sie heftig hin und her, dann ließ er ab und trabte zu seinem Herrchen zurück. Der Polizist schimpfte kräf-

tig, aber der Schäferhund nahm das gelassen hin.

Meine Cousine stürzte sich auf ihre Annika, die leise jaulend vor der Haustür lag. Das arme, arme Tier.

Die Untersuchung ergab Überraschendes: Annika hatte im Nacken die Abdrücke der Zähne, aber sonst fehlte ihr nichts. Der Schäferhund hatte ihr nur einen Denkzettel verpaßt.

Von nun an machte Annika, ohne zu bellen, einen großen Bogen um das Polizeiauto, in dem nun wieder ganz gelassen und souverän ihr Widerpart lag, dessen Geduld auch einmal zu Ende gewesen war.

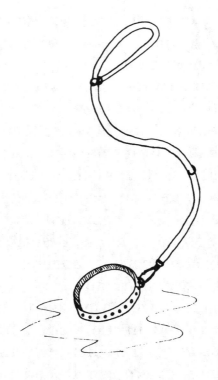

Kaum zu glauben

Mein erwachsener Sohn Stephan war zu Besorgungen mit dem Fahrrad in der Stadt unterwegs. Am Frankfurter Hauptbahnhof hatte er auch etwas zu erledigen. Er schloß das Rad vor dem Bahnhof an ein Geländer an und hielt sich dann einige Zeit im Bahnhof auf. Zum Schluß kaufte er noch einige Zeitungen und kam auf einen Sprung zu mir zu Besuch. Wir unterhielten uns sehr angeregt, danach ging er nach Hause.
Tage später wollte er wieder mit dem Fahrrad in die Stadt fahren, und als er es im Keller nicht fand, fiel ihm nach einigem Nachdenken mit Schrecken ein, daß er es am Hauptbahnhof abgestellt und völlig vergessen hatte.
Mit Bangen und nicht sehr zuversichtlich eilte er zum Bahnhof, und siehe da, es stand noch genau so da,

wie er es verlassen hatte, völlig unversehrt.

Von Hannelore Hau im R. G. Fischer Verlag erschienen:

Nelly, die neugierige Kaffeebohne - Erlebnisse und Abenteuer einer reiselustigen Kaffeebohne 2. Aufl. 1998. 64 Seiten mit Zeichnungen von Eva-Maria Schmitt und Vanessa Eichhorn.
Paperback DM 14,80. SFr 14,00. ÖS 108,00. ISBN 3-89406-811-6
»So habe ich mir die Reise nicht vorgestellt! Ist das eng und dunkel hier. Hör endlich auf, mich zu drücken! Lieg nicht so quer über meinem Bauch! Diese entsetzliche Luft, und all die vielen Bohnen! Hoffentlich ist das bald zu Ende!«
Aber diese Reise dauert noch. »Nelly, die neugierige Kaffeebohne« muß einige Abenteuer bestehen, bis sie am Ziel ihrer Träume und Wünsche angelangt ist.

Soweit ich mich erinnern kann Geschichten von gestern und heute für Kinder und fröhliche Leute 2. Aufl. 1998. 160 Seiten.
Paperback DM 24,80. SFr 23,00. ÖS 181,00. ISBN 3-89406-578-8
Diese fröhlichen und einfachen Geschichten sollen bei Lesern und Leserinnen jeden Alters Erinnerungen hervorrufen und sie zum Schmunzeln bringen.

Brummelia und Jumbi - Die Geschichte einer ungewöhnlichen Freundschaft. 2. Aufl. 1996. 64 S.
Paperback DM 16,80. SFr 16,00. ÖS 123,00. ISBN 3-89406-363-7
Es ist die Geschichte einer entzükkenden Freundschaft zwischen groß und klein, zwischen gewaltig und winzig, nämlich zwischen einer kleinen Hummel und einem riesigen Jumbo.

Platypus, das Schnabeltier
Eine Geschichte aus Australien
1996. 64 Seiten mit zahlreichen Zeichnungen.
Paperback DM 16,80. SFr 16,00. ÖS 123,00. ISBN 3-89501-405-2
Hier erzählt Hannelore Hau über den Platypus, ein entzückendes Schnabeltier, das es in Australien wirklich gibt. Was ihr »Platy« so alles erlebt, das ist ganz schön spannend! Er hat viele tolle Erlebnisse, ist mal glücklich und mal traurig. Und er hat sogar sein eigenes Lied - wer das Buch fleißig gelesen hat, wird bald auch das Platypus-Lied in der Badewanne singen können.

Wie der Februar zu seinen 28 Tagen kam
1994. 80 Seiten mit 17 vierfarbigen Zeichnungen und zahlreichen s/w-Zeichnungen von Simone Khurana, Eva-Maria Schmitt und Vanessa Eichhorn.
Paperback DM 18,00. SFr 17,00. ÖS 131,00. ISBN 3-89501-016-2
»Wie der Februar zu seinen 28 Tagen kam« - eine bunt bebilderte, fröhliche Geschichte voller Phantasie, die beschreibt, wie Monate und Jahreszeiten entstanden sein könnten.

Die Wombats - Eine australische Tierfamilie auf Reisen.
2., überarb. Aufl. 1993. 60 Seiten mit zahlreichen Zeichnungen.
Paperback DM 11,80. SFr 11,00. ÖS 86,00. ISBN 3-89406-188-X
Völlig überraschend begegnet der Autorin bei einem Australienbesuch in freier Wildbahn ein Wombat. Die Begegnung regt ihre Phantasie an, und es fält ihr dazu diese Geschichte ein, in der sich Wahrheit und Märchen vermischen. Hierbei stellt die Autorin diese in Europa fast unbekannten australischen Tiere in einer für Kinder und Erwachsene unterhaltsame Weise vor.